Combel Editorial es un sello de Editorial Casals, SA
Título original: *99 tomates & une patate* · Primera edición en Francia por hélium, Paris.
© hélium / Actes Sud, 2020 · Publicado por acuerdo con Isabelle Torrubia Agencia Literaria
Texto e ilustraciones de Delphine Chedru
© 2020, de esta edición, Editorial Casals, SA
Casp, 79 – 08013 Barcelona · combeleditorial.com · Primera edición: septiembre de 2020
ISBN: 978-84-9101- 625-0 · Depósito legal: B-3961-2020 · Impreso en Italia por Grafiche AZ

Delphine Chedru

tomates & una patata

COMBEL

99

aviones y una golondrina

99

hojas y una piña

99

peces y una estrella de mar

99

flores y una mariposa

¿Cuál es tu flor favorita?

99

manzanas y una pera

99

coches y un autobús

99

señales y un caramelo

Encuentra la señal
que no existe
en la realidad.

¿Cuántas señales
son cuadradas?

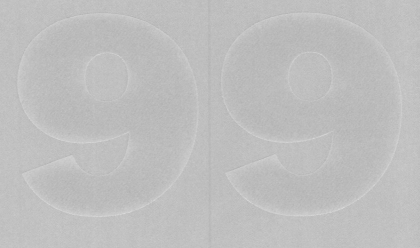

99

tomates y un pimiento

99

estrellas y un copo de nieve

¿Cuántas estrellas fugaces ves en este cielo de verano?

gatos y un ratón

99

huevos y un conejo

Encuentra el
huevo de gallina.

¿Cuántos huevos
están pintados
de azul y negro?

99

herramientas y una tirita

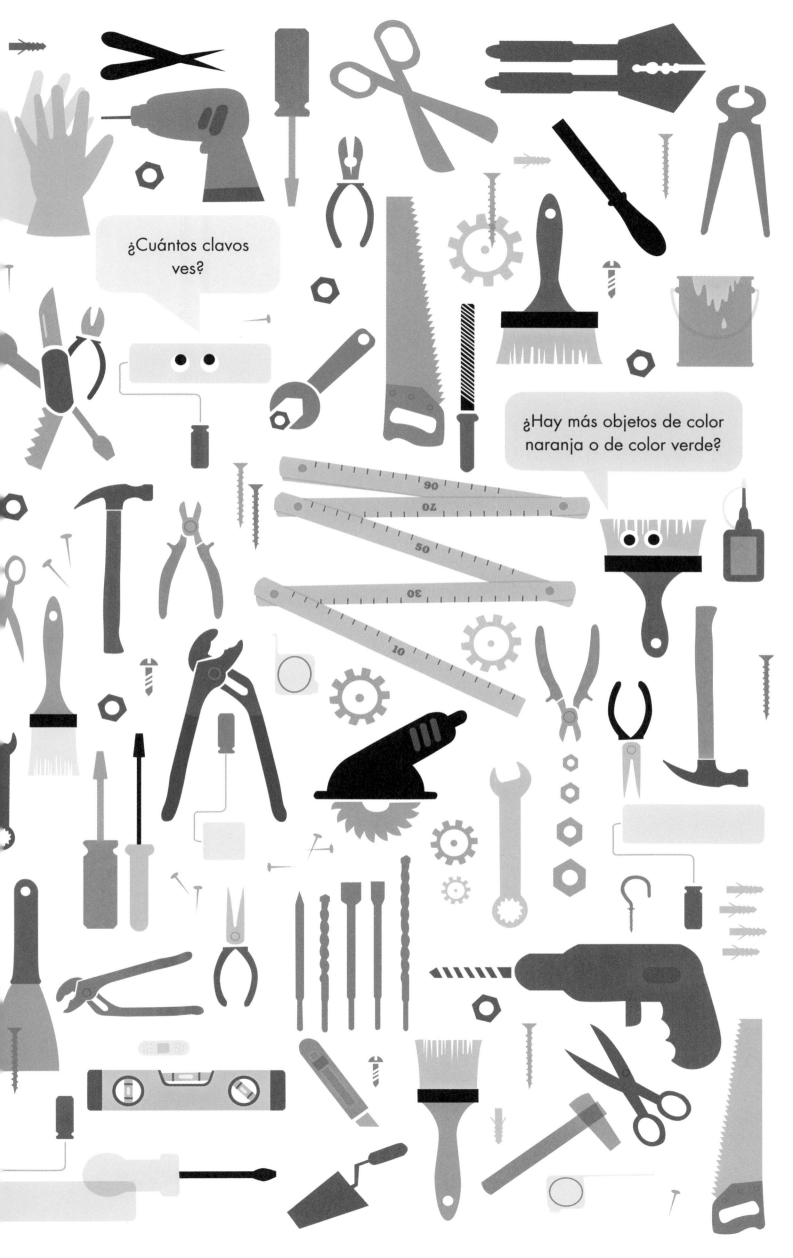

99

pasteles y uno de cumpleaños

99

aviones y una golondrina

Hay **7** aviones con cuatro motores.

Hay **20** aviones con las alas decoradas.

99

hojas y una piña

En otoño recogemos las hojas.

99

peces y una estrella de mar

Hay **4** peces amarillos.

99

flores y una mariposa

Hay **6** flores únicas.

99

manzanas y una pera

Vemos las semillas de **20** manzanas.

99

coches y un autobús

Vemos **6** coches de frente.

99

señales y un caramelo

Hay **20** señales cuadradas.

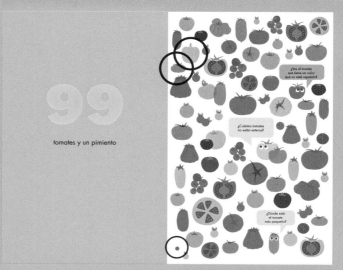

99

tomates y un pimiento

Hay **8** tomates que no están enteros.